AF329547

FONTANETUM.

CAUCHEMAR A PROPOS D'UN RÊVE.

... *Quia conversus es retrorsum?*

(Psalm.)

Il y a quelque chose en France qui ne meurt jamais : c'est le souvenir de nos gloires et de nos malheurs. Quand il s'agit de grands événements qui ont laissé de profondes empreintes dans notre histoire, le respect national monte à la hauteur de l'épisode, quel que soit, d'ailleurs, dans le passé, le lointain de la brume où ces faits se sont accomplis. La bataille de *Fontanet* occupe une place considérable dans les annales de la monarchie française. De cette mêlée sanglante, où tant de milliers d'hommes, empruntés à tous les débris de l'empire de Charlemagne, vinrent s'entrechoquer vers le milieu du neuvième siècle, se dégagea victorieuse et indépendante notre nationalité, si humble et si obscure encore. Laissez-la faire. Elle se posera plus tard dans sa force et dans sa lumière ; elle sera l'éblouissement du monde entier.

Fontanetum ! voilà le nom laissé par les chroniqueurs contemporains de la fameuse bataille. Pourquoi cette variante de *Fontenaille*, de *Fontenai* ou de *Fontenoy* dans les historiens modernes ? Quoi ! ce cri de douleur formidable qui annonçait l'enfantement de la nation française, ce cri n'a pas même une orthographe assurée dans notre langue ?...

Un homme est venu, dans ces dernières années, qui s'est assis respectueusement à la table de nos vieilles archives, qui a recherché avec une sollicitude incroyable les chartes, les diplômes, les chroniques, tous les documents qui se rattachent à l'histoire de nos origines, et qui a laissé un monument impérissable de ses études et de ses veilles. Je veux parler d'Augustin Thierry, l'auteur des *Lettres sur l'Histoire de France*. Savez-vous comment cet illustre Homère de nos antiquités désigne cette fameuse bataille ? — Il lui laisse le nom de *Fontanet!* Il connaît cependant les travaux de l'abbé Lebeuf, dont l'autorité a séduit nos plus éminents historiographes. Pourquoi M. Henri Martin, par exemple, désigne-t-il ce mémorable événement sous le nom de *Fontenaille* ? Pourquoi suit-il pas à pas la marche erronée que notre savant abbé attribue à l'engagement entre les fils de Louis-le-Débonnaire ? Et cependant Lebeuf lui-même, dans les derniers temps de sa vie, finit par appeler tout bonnement ce fait d'armes, bataille de *Fontenoy*, et prie les lecteurs de ne pas la confondre avec la bataille livrée, en 1745, aux Anglais, dans les plaines de Fontenoi, près Tournay. C'est que notre studieux abbé, en y réfléchissant bien, avait fini par comprendre qu'en suivant les indications des chroniques, l'armée de Lothaire avait dû monter, par les pays couverts et marécageux, jusqu'aux sommités de Fontaines, et que les troupes de Charles-le-Chauve, campées à Thury, ne pouvaient la rencontrer ailleurs que sur les plateaux de Fontenoy en Puisaye. Déplorons donc l'erreur de M. Henri Martin. Son livre est le plus magnifique bréviaire de notre histoire; il est destiné à se perpétuer dans des éditions sans nombre. Puisse la pierre qui va s'élever sur les hauteurs de Fontenoy le décider ultérieurement à réinstaller les acteurs du grand drame carlovingien sur leur véritable théâtre !

D'autres historiens, d'un mérite incontestable, ont suivi des versions encore plus étranges. M. Lavallée, par exemple, place la bataille de Fontanet sur les bords de la Cure. Les opinions sont libres, mais alors on tombe en plein dans le domaine de la fantaisie.

Que dirai-je de notre vieux Mézeray, qui se contente de désigner *Fayet* et *Garélas* comme les points principaux de la fameuse bataille. Va pour *Fayet*, traduction libre de *Fagit*, que l'on ne retrouve nulle part ; mais où diable avez-vous pêché *Garélas ?* Est-ce *Brittas* ou *Solennat* que vous désignez ainsi ? O vieux et illustre frondeur, j'ai toujours admiré vos aspirations vers la grandeur et la liberté de la France, mais *gare, hélas !* que vous n'ayez trouvé vos renseignements sur notre bataille au fond de quelque chopine, chez maître Lefaucheur, votre bachique compère, dans son cabaret de la Chapelle.

Tel était le monologue que je ruminais en moi-même, tandis que je montais aux plateaux qui séparent le Deffant de Fontenoy. Je voulais voir les lieux avant la grande consécration du 25 ; je voulais, dans le silence et dans la solitude, me faire une conviction indépendante. Vous comprenez ce que la cérémonie d'inauguration peut exercer de pression sur les esprits timides. Je suis, par malheur, de ce nombre. Or, la solennité du spectacle, la pompe déployée pour la circonstance, l'affluence des populations, le parfum des fleurs, la poésie et la grandeur des souvenirs, le charme des discours, le *chauffement* général de nos fibres les plus intimes, voilà, certes, de quoi nous faire perdre de vue la prose de tous les jours, ce *réalisme* qui veut, bon gré mal gré, s'installer dans nos livres.

Arrivé presque au faîte de la colline, je me trouvai face à face avec d'énormes blocs de pierre, couchés dans un champ, sur le bord de la route. Déjà le ciseau de l'artiste avait ébauché l'œuvre pyramidale qui devait transformer ces masses calcaires en obélisque égyptien. On s'est demandé : Pourquoi un obélisque plutôt qu'une croix, une colonne ou n'importe quoi ? — On se fait toujours, dans le public, de ces demandes saugrenues, auxquelles on ne peut répondre autre chose que ceci : Pourquoi une croix, une colonne ou n'importe quoi, plutôt qu'un obélisque ?... Presque toujours le problême en reste là, et chacun s'en va très-content de la lumière qu'il vient de jeter sur la question.

J'en étais là de mon voyage, lorsque, près d'une cabane en planches, construite pour servir d'abri aux ouvriers du monument, j'avisai un vieux pâtre surveillant quelques moutons éparpillés sur une jachère.

— Mon brave homme, lui dis-je, où sont les travailleurs qui ont commencé la taille de ces pierres?

— Hélas ! monsieur, fit le pâtre, ils sont partis pour ne plus revenir. C'est un grand chagrin dans le pays, car on dit que ces pierres vont s'en retourner d'où elles viennent.

— Comment, repris-je avec étonnement, on renoncerait à l'érection du monument de Fontenoy ?

— Oh ! mon Dieu, oui ! on veut absolument que cette pierre soit vue de très-loin, et on va la percher sur la montagne des Alouettes, où nous ne la verrons plus du tout... C'est dommage, allez, monsieur; nous étions fiers de l'avoir au milieu d'un champ, avec les mots d'écrit qu'on doit y mettre en l'honneur des gens de Fontenoy. Je ne dis pas qu'elle ne serait pas mieux en vue un peu plus haut, mais, on a beau dire, c'est ici le beau milieu du champ de bataille. Tenez, à votre gauche, vous voyez le village de *Solemé*, à votre droite, le *bois de Briottes*. On dit que les deux armées se sont rudement saluées sur ces deux collines. Là-bas, dans la vallée, c'est l'*étang de la guerre* et le ruisseau qui devint couleur de sang après la bataille; plus loin, la *fosse aux gendarmes*; derrière nous, le *champ du malheur*, où l'on trouve encore des morceaux d'acier, des casques et des éperons de fer. Vous voyez bien ces champs couverts de noyers, près le bois des Briottes, il y a là une ville entière qui dort sous ces blés de si belle venue; on y a cherché, il y a quelques années, et chaque coup de pioche faisait découvrir une maison, des chambres encore décorées de peintures jaunes et rouges, des bons Dieux de pierre, des pièces de monnaie du temps des Romains, des tombes et des ossements qui tombaient en poussière dès qu'on y portait le bout du doigt... En face de nous, de l'autre côté de la prairie, vous voyez un champ d'orge entouré de haies vives, c'est là qu'étaient l'église et le monastère de *Saint Bonnet*; c'est là qu'est mort saint Marien, le patron de notre village. Mon grand-père avait vu la cloche de cette église; les gens de Levis sont venus la chercher avec un chariot et des bœufs; elle avait refusé de se laisser emmener par d'autres; mais ils n'ont pas su conserver cette relique : elle a été fondue dans le temps de la grande révolution... Ah! monsieur, c'est une place célèbre et sainte que ce petit coin de terre qui se déroule sous nos yeux ; cela méritait bien le monument qu'un homme généreux et béni par nous tous voulait lui laisser en mourant...

— Mon brave homme, lui dis-je, touché de ses regrets naïfs, ne vous désolez pas encore : je crois en savoir assez long pour vous prédire que la pierre restera. Si l'homme de bien n'est plus là pour accomplir son vœu le plus cher, il a laissé un mandataire dont la libéralité est connue, et qui porte un trop grand respect à la mémoire de celui que vous pleurez, pour faillir à sa volonté dernière. Vous aurez votre monument !

— Dieu vous entende, mon cher monsieur, s'écria le berger en m'ôtant son chapeau avec une politesse plus respectueuse ; si vous pouvez quelque chose là-dedans, n'épargnez rien, vous serez sûr de notre reconnaissance.

Je m'éloignai pour continuer ma promenade à travers tous ces palpitants débris de notre histoire. Chemin faisant, je ne pus m'empêcher de songer à ce pauvre homme. Etait-il fier des titres de noblesse de sa terre natale ! Etait-il heureux de ces antiques légendes qui avaient bercé son enfance et dont il ne saisissait qu'une trace confuse et fugitive dans le passé !

Mais pourquoi cette idée de translation du monument au sommet de la montagne des Alouettes ? D'où venait-elle ?

— Ah ! parbleu ! je devine, m'exclamai-je tout à coup en me frappant le front, c'est le RÊVE.

Je me souvins, en effet, d'avoir reçu, l'année dernière, une petite brochure sur l'inscription de *Fontanetum*, qui avait pour titre : RÊVE. Ce pamphlet, d'un homme d'esprit et mieux encore d'un homme de science, avait produit des sensations diverses au milieu du monde où il avait été lancé. Il ne tendait à rien moins qu'à *l'éreintement* (style artistique) de la pierre de Fontenoy, de son inscription et de son emplacement.

Ainsi, le monument y était désigné sous l'appellation assez leste de *pierre pointue;* ce mot qui rendait, à ce qu'il paraît, la chose plus piquante, revenait trois fois dans le *Rêve.* L'inscription, émanée d'une société savante, s'y trouvait déchirée à coups de calembourgs et d'épigrammes plus ou moins archéologiques ; enfin, sous prétexte que de semblables souvenirs doivent être placés *loin des routes nouvelles, parcourues par des gens distraits, insouciants, sceptiques ou ignorants,* le *Rêve* proposait d'élever une croix monumentale sur le sommet de la haute montagne de Sougères; il la dotait même d'une très-large inscription qui ne laissait rien à désirer sous le rapport de la longueur.

Cet opuscule m'avait fait rire. J'aime la critique sous toutes les formes, mais la forme spirituelle et badine est celle qui m'agrée le plus. Je considérais, avec l'auteur lui-même, cette boutade comme *un coup d'épingle dans l'Yonne.*

. . . .

Le soir, je regagnai mon logis, fatigué de ma promenade à travers les blés, les sainfoins et les luzernes, dont la luxuriante verdure s'étalait aux dépens de cette illustre poussière des siècles passés. Les préoccupations de la journée ont souvent un écho dans le sommeil de la nuit; c'est ce qui m'arriva. Je rêvai de *Fontanetum* et de ses nombreuses conséquences.

Je me revis près de la pierre monumentale. Un rassemblement étrange se pressait tout autour. Au centre, étaient assis plusieurs messieurs en habit noir, paraissant constitués en comité d'enquête. Le président, homme de figure grave et sérieuse et de manières polies, procédait avec calme et dignité à l'interrogatoire des témoins évoqués pour la circonstance. Deux guerriers, bardés de fer, aux armures resplendissantes, étaient confondus dans la foule; on me dit que c'étaient Nithard et Engelbert, les compagnons d'armes de Charles-le-Chauve et de Lothaire. Nithard tenait à la main le manuscrit où il déposa ses souvenirs dans un monastère des rives de la Loire; Engelbert fredonnait sa complainte sur un air passablement lamentable. Puis, on remarquait des moines, des prélats, des historiens de tous les âges. Parmi eux, on citait Mézeray, dom Viole, l'abbé Velly, Anquetil et beaucoup d'autres. Notre abbé Lebeuf y faisait voir sa fine et studieuse figure. Pasumot, Tarbé, Paultre des Ormes, Robineau-Desvoidy s'étaient donné rendez-vous sur le champ de bataille pour la discussion.

L'enquête touchait à sa fin.

Messieurs, dit le président d'une voix pénétrée,

les dépositions que vous venez d'entendre auront, nous aimons à le croire, achevé de porter la lumière dans vos consciences. Tout ici vient corroborer la thèse qui désigne ces plaines comme le théâtre de la fameuse bataille que se livrèrent, en 841, les petits-fils de Charlemagne. En vain quelques villages de ce département, trompés par la similitude du nom de *Fontenai*, adopté, je ne sais trop pourquoi, jusqu'à ce jour, par les historiens les plus considérables, ont revendiqué l'honneur d'avoir fourni leur territoire à ce grand drame du moyen-âge leurs prétentions tombent désormais devant vos sérieuses investigations. Il nous en coûte beaucoup, sans doute, de rester en dissidence avec un des savants les plus illustres de notre pays (tous les regards se tournent vers l'abbé Lebeuf), mais une chose, du moins, nous console, c'est qu'il a bien voulu reconnaître que l'armée de Lothaire avait dû passer sur les hauteurs de Fontaines, et, si nous différons encore sur le lieu de l'engagement, quel que soit désormais le champ de bataille, entre nous, il est sûr de n'y rencontrer de notre part que l'amour, le respect et la plus profonde admiration (murmures d'approbation).

Vous savez, Messieurs, continue l'orateur, à quelle noble initiative nous devons le monument de Fontenoy ; vous savez à quelle main généreuse est dû l'agrandissement du projet primitif. Un de vous, architecte distingué, dont nous aimons à proclamer le savoir et le désintéressement, a bien voulu se charger de la question d'art et fixer la forme et les dimensions du monument. Cette pierre colosse, taillée en obélisque, vous prouve que rien n'est resté en plan... (Rires et chuchotements.)

Messieurs, j'arrive à l'inscription. Plusieurs formules vous ont été soumises ; elles sont toutes également bonnes, et si votre choix n'est pas encore fixé, c'est précisément parce que vous avez hésité à signaler définitivement la meilleure ; d'où j'en conclus que toutes ayant un mérite égal, la meilleure n'existe pas.

Une autre voix : Et celle de l'Académie ?

Messieurs, poursuit le président, visiblement embarrassé, l'Académie des inscriptions et belles lettres a bien voulu se charger de revoir la formule que nous avions cru devoir soumettre à ses lumières et à son expérience ; elle nous a envoyé un modèle entièrement neuf. Mais ses *occupations multipliées* ne lui permettent pas d'assister à l'inauguration de notre monument : un sentiment de délicatesse que vous comprendrez nous interdit d'accepter une inscription dont elle ne peut faire elle-même les honneurs...

— Je demande la parole ! s'écrie une voix stridente. C'était la voix de Robineau - Desvoidy : Messieurs, dit le fougueux docteur, on ne m'a jamais reproché, je crois, d'être le flatteur de n'importe quelle académie. Ma rude franchise est connue. Hé bien ! je dis que l'Académie des inscriptions et belles lettres, en refusant de prêter son concours à l'inauguration de cette pierre, n'a fait que son devoir. (Marques d'étonnement.) Qu'est-ce que l'Académie des inscriptions et belles lettres en effet ? C'est l'organe officiel de notre histoire et de notre archéologie. Qu'est-ce que la bataille de Fontenoy ? C'est la proclamation de l'indépendance de la nationalité française. Voilà toute la question établie sur ses plus larges bases. Maintenant on veut rappeler, par un monument et par une fête, le grand événement qui nous occupe aujourd'hui. Quelles sont les parties intéressées ? C'est la France entière. Qui doit être convié à cette solennité toute nationale ? Des délégués de tous les coins de la France. Ce que vous faites ici, Messieurs, c'est tout bonnement une fête de famille en petit comité d'arrondissement. A vingt lieues d'ici, on ne sait pas que vous vous remuez pour cette gigantesque éphéméride. Je le répète, l'Académie des inscriptions et belles lettres ne pouvait pas, ne devait pas accepter une invitation de la sorte. Elle a envoyé une inscription, elle a eu tort, elle n'a pas été conséquente avec elle-même. Vous avez rejeté son inscription, et vous avez bien fait. Votre rôle à vous, enfants du pays, consiste à placer une pierre qui dise à la France : « C'est là que se « sont battus nos pères pour conquérir notre indé- « pendance ; nous sommes les gardiens, les grands « prêtres de cette terre de souvenirs. » Vous mettez en demeure les corps constitués de la science archéologique de venir vérifier votre affirmation ; une grande erreur historique sera rectifiée dans nos livres, et vous verrez, un jour, la France et l'Académie des inscriptions et belles-lettres consacrer définitivement le signe commémoratif élevé par vos soins. Voilà votre part, Messieurs, elle est assez belle, assez grande, pour que vous n'ayez rien à envier à qui que ce soit. (Applaudissements.)

Quant à l'inscription, poursuit l'orateur, un peu fatigué, la plus courte sera la meilleure. Voici tout simplement ce que je propose :

BATAILLE DE FONTENOY-EN-PUISAYE
25 juin 841.

Puis, sur le socle de la pyramide, vous gravez les noms des fondateurs et la date de l'inauguration. Il ne s'agit pas en effet, messieurs, de faire, sur une pierre qui borde le chemin, un cours complet d'histoire et de géographie ; la plus pauvre chaumière de nos villages possède un abrégé de l'histoire de France, qui en dira beaucoup plus long que vous ne pouvez en consigner ici. Le nom de la bataille, la date à laquelle elle a été livrée, voilà qui suffit aux besoins de la cause. Avec ce fil d'Ariane, ceux qui savent ou qui veulent savoir ne pourront s'égarer. Quant aux intelligences déshéritées pour lesquelles nos monuments et notre histoire sont des hiéroglyphes éternels, à quoi bon vous en préoccuper?

Robineau-Desvoidy, après cette harangue, essuya son front qui ruisselait de sueur, et rentra dans la foule, non sans recevoir, à droite et à gauche, de nombreuses félicitations.

Messieurs, dit le président qui semble avoir hâte d'en finir, nous devons, en dernier lieu, vous entretenir de l'emplacement. Le tertre où nous siégeons en ce moment avait été choisi comme le centre présumé de la bataille. Quelques réclamations se sont élevées. Nous désirons concilier toutes les exigences avec la question d'art qui doit dominer toutes les autres. Si quelqu'un de vous désire présenter des observations, qu'il veuille bien prendre la parole.

Plusieurs des assistants annoncent qu'ils ont l'intention de parler.

Tout à coup un mouvement tumultueux se produit dans l'assemblée ; tous les regards sont tournés vers l'Orient. On signale dans l'air un point noir, qui grossit avec rapidité, et bientôt on distingue un aréostat arrivant à toute vitesse. Au bout de quelques minutes, il plane sur la foule ébahie, et descend majestueusement en droite ligne sur le monolithe, au-dessus duquel il reste suspendu comme par enchantement. Un drapeau de couleur sombre se balance gracieusement sur la nacelle; on y lit en caractères d'or sur un fond d'azur : LE RÊVE. Les flancs de l'aréostat semblent particulièrement attirer les yeux de l'assistance. En effet, un magnifique panorama se déroule sur les parois circulaires du véhicule aérien : d'admirables dessins y représentent, dans un ordre merveilleux, des cathédrales gothiques, des châteaux du moyen-âge, des sites pittoresques, où s'éparpillent, avec art, des clochers rustiques, des chaumières, des bois, des ruisseaux, des ruines imposantes...

Ce spectacle inattendu frappe de stupeur la plupart des assistants. Nithard et Engelbert se font un rempart avec leurs boucliers, et cherchent leurs épées pour la défense. Les prélats et les moines se signent en tumulte; quelques-uns font des gestes significatifs pour exorciser ce voyageur, qui ne peut être qu'un compagnon de satan.

— *Gare, hélas! gare, hélas!* crie le vieux Mézeray dans le paroxysme de la terreur.

Le président de l'assemblée avait conservé le calme et la présence d'esprit que commandait sa position : Messieurs, dit-il, veuillez vous rassurer, je vous prie; ce qui nous arrive ici n'a rien qui doive effaroucher personne. J'aperçois dans la nacelle une figure amie; permettez-moi de l'aborder, et tout va s'expliquer naturellement.

A ces mots, un monsieur, à demi caché sous les plis du drapeau, descend de la petite embarcation, salue avec courtoisie la foule devenue silencieuse, presse la main du président, et lui dit quelques mots à voix basse en déployant un papier qu'il tenait entre ses doigts. Tandis que le président en prend connaissance, le monsieur détache deux câbles de soie blanche argentée, qui étaient aux deux côté de sa nacelle, les passe sous le monolithe pyramidal, à égale distance des deux extrémités, les fixe de nouveau aux flancs de l'embarcation, salue encore une fois l'assemblée, presse une fois encore la main du président, remonte lestement s'asseoir sous son drapeau, et d'un coup de piston qui fait entendre un sifflement comme un mugissement de tempête, ébranle violemment l'aréostat tout entier. Un craquement sourd et prolongé s'échappe de l'appareil locomoteur, les câbles se tendent par un suprême effort :

— Ohé! ohé! voilà la pierre qui vire! crie une voix en détresse.

En effet, l'obélisque a bientôt quitté la terre ; il suit la nacelle où il est enchaîné comme un prisonnier de guerre. L'aréostat, avec son odyssée palpitante de lithographie, prend son essor et plane déjà au-dessus des bois de Solemé. Une immense clameur, partie du sein de la foule, salue ce voyageur d'un nouveau genre, et je m'éveillai, en sursaut, tout inondé de sueur.

. . . .

Quelques jours plus tard, je repassai près de l'endroit où s'était accompli ce drame fantastique. La pierre n'y était plus. J'aperçus mon vieux pâtre avec ses moutons non loin de là :

— Hé bien ! lui dis-je, mon brave homme, et notre monument ?

— Ah ! monsieur, me répondit-il, je vous l'avais bien dit...

— Comment, il est parti pour la montagne des Alouettes ?

— Vous voulez rire, fit-il avec finesse, mais vous savez aussi bien que moi ce qu'il en est. Vous m'aviez promis que le monument ne quitterait pas la commune, et nous avons bien des remercîments à vous faire.

— Je n'en mérite aucun, mon pauvre homme, car j'ignore absolument où il a été transporté.

— Allons, allons, ne vous moquez pas du pauvre monde. Vous n'ignorez pas qu'il est à la *Justice*, là-haut, près de la maison du père *Breuillé*. Il est bien content, le père *Breuillé*, allez, ça lui fait une fameuse compagnie ! Et puis, on dit que le gouvernement va lui faire une pension pour veiller à ce qu'on ne la décampe pas de là. Et les gens de Fontenoy, c'est eux qui sont dans la jubilation ! Ça le met tout près de chez eux, mais ils ne le verront pas mieux pour ça, à cause de la vallée qui est si basse. Par exemple, les gens des villages, ceux de Fontaines, ceux de Saint-Sauveur, de Toucy et de tous les environs, le distingueront très-bien à travers les arbres : c'est une si belle vue, à la Justice ! Mais, dame, il ne faudrait pas changer la couleur de la pierre. On dit qu'ils veulent la faire peindre en gris rose, comme du..... comment appelez-vous donc ça ?

— Du granit.

— C'est cela même. Hé bien ! moi, je dis que si elle

passe au gris, on ne la verra plus du tout, parce que c'est la couleur de la terre où elle ira se confondre. Il faut lui laisser toute sa blancheur. D'ailleurs, est-ce que la pierre de nos pays a besoin de mentir au monde en prenant un habit qui ne lui appartient pas ? Elle est belle de sa couleur et de sa nature, il faut lui laisser ces deux choses que rien ne peut remplacer.

— Je suis parfaitement de votre avis, mon brave, lui dis-je, en lui tendant la main et prenant congé de lui pour aller à la Justice.

Mon cauchemar était expliqué. En y songeant bien, la translation du monolithe, auprès de Fontenoy, était charmante et spirituelle de la part du RÊVE, qui voulait faire oublier les coups d'épingle qui avaient jadis effleuré quelques épidermes. Je fus enchanté du nouveau site qui avait été choisi, et j'applaudis de tout mon cœur à l'intelligence de l'artiste éminent qui, par un coup d'état inattendu, avait su mettre un terme à toutes les lenteurs et à toutes les incertitudes.

Rendons maintenant grâce et justice à tous les coopérateurs de cette œuvre historique :

A la mémoire de M. le baron Chaillou des Barres;

A la générosité de M. le baron du Havelt;

A la sollicitude de M. le président de la Société des sciences de l'Yonne;

A l'habile architecte, dont les plans ont reçu une telle consécration;

Aux ouvriers, qui sont sortis avec honneur de cette tâche périlleuse;

Enfin, à l'auteur du RÊVE, qui a mis la dernière main à cette magnifique réalité.

Souhaitons, en terminant, qu'un beau soleil illumine la journée du 25.

EMILE DUCHÉ.

Auxerre, imprimerie de C. GALLOT. — 1860.

www.ingramcontent.com/pod-product-compliance
Lightning Source LLC
LaVergne TN
LVHW020109070726

842525LV00018B/2629